AF563543

DESCRIPTION DU MAUSOLÉE

Dressé par ordre de Sa Majesté dans l'Eglise de N. Dame de Paris

POUR LA CEREMONIE FUNEBRE

DU SERVICE SOLENNEL

DE TRES-HAUTE, TRES-EXCELLENTE

ET TRES-VERTUEUSE PRINCESSE

MARIE LOUISE D'ORLEANS

REYNE D'ESPAGNE,

FILLE DE PHILIPPE DE FRANCE,

DUC D'ORLEANS,

FRERE UNIQUE DU ROY,

ET DE HENRIETTE ANNE D'ANGLETERRE,

NIECE

DE LOUIS LE GRAND

XIV. DU NOM, ROY DE FRANCE ET DE NAVARRE,

EPOUSE DE CHARLES II. ROY D'ESPAGNE.

Le 30. Avril 1689.

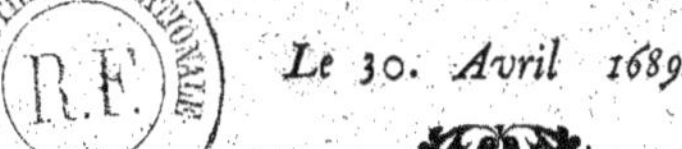

A PARIS,

Chez ESTIENNE MICHALLET premier Imprimeur du Roy, ruë S. Jacques, à l'Image S. Paul.

M. DC. LXXXIX.

AVEC PERMISSION.

DESCRIPTION DU MAUSOLÉE.

E Mausolée élevé sur un grand socle de marbre blanc de vingt pieds de long & seize de large, a dans ses quatre faces des bas-reliefs de bronze. Il est flanqué sur les angles de statuës elevées sur leurs piedestaux pour representer la Vertu Heroïque qui a des aisles & une couronne de fleurs, la Prudence avec son miroir & son serpent, la Religion avec une croix, un calice & un cœur enflâmé, & la Felicité couronnée de laurier ; ces deux dernieres regardent l'Autel, & les deux autres l'entrée du Chœur.

Le Tombeau sur lequel est posée la representation, est de Porphire sur huit pattes de Lions de bronze, & accompagné de vases fumans, de consoles & de lampes antiques.

Le Dais élevé à cinquante pieds est couvert d'un pavillon funebre dont les pantes se rattachent aux quatre coins du Chœur : ses pantes noires sont semées de Tours, de Grenades & de Fleursdelys d'or, avec les bords d'hermine.

La Vertu heroïque estoit le juste caractere de cette Reyne, qui l'a conservée jusqu'au dernier soûpir. Elle s'est fait admirer par sa prudence & la sagesse de sa conduite dans un âge si peu avancé : & c'est par là qu'elle regnoit sur le cœur du Roy son Epoux.

Sa pieté n'a pas moins éclaté, ayant fait paroître par son attachement fidele aux actions publiques de religion, qu'elle estoit digne de sortir du sang des Rois Tres-Chrétiens, & de porter l'auguste titre de Reyne Catholique.

La Felicité est le seul bien qui luy reste aujourd'huy comme la digne recompense de sa vertu, aprés avoir quitté toutes les grandeurs de la Terre.

On a voulu representer par ces quatre vertus les quatre états de cette Princesse; sa naissance par la Vertu heroïque, qui semble estre hereditaire à toutes les Princesses du sang de France. L'Espagne l'a vû plusieurs fois dans les Reynes que la France luy a données. Elles y ont toutes porté un grand cœur, une ame au dessus de leur sexe & une generosité digne du siecle des Amazones.

La Prudence a fait le caractere de son regne. Jamais on n'a rien vû de si sage que sa conduite, & tous ceux qui avoient l'honneur de l'approcher en estoient charmez.

La Pieté parut en sa mort comme ces flambeaux qui redoublent leur éclat quand ils sont sur le point de s'éteindre.

Enfin la fermeté d'esprit & la resignation avec laquelle elle receut la nouvelle de sa mort, & avec laquelle elle s'y prepara, nous sont les justes garans de la Felicité dont nous croyons qu'elle jouït dans le Ciel.

Toute l'Eglise est tenduë de noir avec une illumination d'un grand nombre de flambeaux qui couronnent tout le Mausolée & les hautes chaires du Chœur.

PErmis d'imprimer. Fait à Paris ce 27. Avril 1689.
DE LA REYNIE.

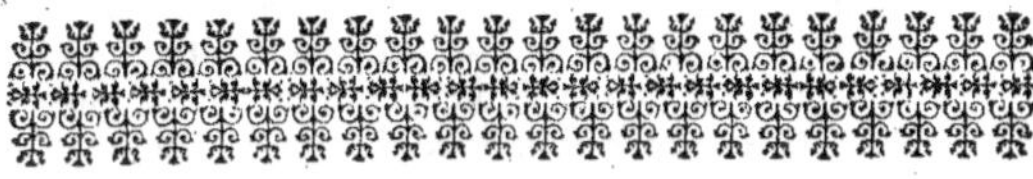

LE TRISTE SORT DES FLEURS, EN LA MORT DE LA REINE D'ESPAGNE, MARIE LOUISE D'ORLEANS, FILLE DE MONSIEUR FRERE UNIQUE DU ROY.

TOUS les Oracles sacrez ont fait des fleurs l'image de nostre vie, dont la naissance, le peu de durée, & la Mort sont si bien exprimez en ces mots du 14. Chapitre de l'Histoire de Job : *L'Homme né d'une femme, vît peu de temps & sa vie est remplie de beaucoup de miseres. Il paroît d'abord comme une fleur, qui s'épanoüit, & seche presque aussi-tost.* David a dit la même chose : *La vie de l'homme passe comme l'herbe, & il fleurit comme une fleur de la Campagne. Vn vent soufle & elle se seche, & il n'en reste plus de trace, au lieu où elle estoit née.* Voilà la peinture que deux Roys ont fait de nostre vie pour nous apprendre que les Testes Couronnées ne sont pas plus respectées que les autres, & qu'elles ont le même sort.

Homo natus de muliere brevi vivens tempore, repletur multis miseriis, qui quasi flos egreditur, & conteritur.

Homo sicut fœnum dies ejus, tanquam flos agri sic efflorebit quoniam spiritus pertransibit in illo, & non subsistet, & non cognoscet amplius locum suum. *Psal.* 102.

Ce ne sont pas seulement les Oracles sacrez qui ont fait cette fidele peinture de l'instabilité de nostre vie ; Les Poëtes ont eu de semblables sentimens, & il y longtemps que le plus celebre a dit en gemissant.

Brevis est heu floribus ætas.

C'est pour cela sans doute qu'on jettoit des fleurs sur les Tombeaux, particulierement des roses, qui durent moins que les autres fleurs : On en couronnoit mesme les Morts, & Ciceron au 2. Livre des Loix, expliquant une Loy des douze Tables, qui ordonnoit que l'on rendroit sans aucune fraude ce devoir à la memoire des défunts : dit que c'est une recompense de la vertu & du merite. *Illa jam significatio est laudis ornamenta ad mortuos pertinere, quod coronam virtute partam, & ei qui peperisset, & ejus parenti sine fraude esse lex impositam jubet.*

Pline nous avertit aussi que la Nature qui prend tant de soins de nous fournir des alimens dans les fruits qu'elle tire du sein de la Terre, n'a fait les fleurs que pour le plaisir, & pour nous apprendre en même-temps par leur peu de durée, que ce qui brille le plus dans le monde, est ce qui passe aussi d'abord : *Flores in diem gignit, magna (ut palam est) admonitione hominum, quæ spectatissime floreant, celerrimè marcescere.*

Hist. Nat. Livre 21. Chap. 1.

La Reine d'Espagne est un triste exemple de cette verité: Elle naquît le 27. May 1662. fût mariée à Fontainebleau le 31. Aoust 1679. & dix ans aprés estre montée sur le Trône, Elle est morte à Madrid le 12. Février 1689. Le Mausolée qu'on luy a dressé semblable à celuy d'Auguste, & à celuy d'Adrien, qui estoient en forme de Tours ou de Châteaux, representoit les Armoiries de Castille. La Mort élevée au plus haut de ce Château fouloit aux pieds le globe du monde, s'appuyant sur sa Faux d'une main & tenant dans l'autre un Etendard.

Sur le Globe estoient écrits ces mots d'Horace.

Æquo pulsat pede
Pauperum tabernas REGUMQUE TURRES.

Ce Château comme les Mausolées d'Auguste & d'Adrien, estoit environné de tous costez de Cyprez & de Picea, qui sont des arbres funebres, qui se mettoient anciennement à la porte des Personnes de qualité aprés leur mort. Comme nous l'apprenons de Lucain.

Et non plebeios luctus testata cupressus.

Asclepiades nous apprend que ce fut un Roy des Celtes,

qui fit le premier servir cet arbre aux funerailles de sa fille, qui se nommoit Cyparisse.

Cassianus Bassus en rapporte l'origine à Eteocle, dont les filles estant tombées dans un puits en une feste publique, la terre pour pleurer leur mort fit naistre ces arbres autour de leur tombeau.

A chacun de ces arbres estoient attachez par des festons de fleurs lugubres les chiffres de la Reine: La Jeunesse, la Beauté, la Grace & la Majesté estoient assises & pleurantes sur les quatre angles de ce Mausolée.

Les trois dimensions de la vie qu'Aristote nomme *Principe, milieu & fin*, estoient representées par les trois litres ou ceintures funebres. La premiere estoit celle de la vie semée de FleurdeLys, de larmes & de lambeaux, avec les Armoiries des cent vingt-huit quartiers de la descendance Genealogique de la Reine.

La seconde pour la vie estoit semée de Couronnes & de Larmes, avec les Armoiries de cent & trente Villes des Royaumes d'Espagne, & des Indes, où Elle a regné dix ans.

La troisiéme estoit semée de Larmes, de testes de Morts, & d'ossemens croisez avec des Devises & des Armoiries entre-mélées.

Toutes les devises estoient funebres.

1. Un Horloge symbole de la vie.

Si muta d'hora in hora.

D'heure en heure elle change.

2. Des Bouteilles de Savon portées en l'air.

Nil certi, solidive.

Rien de certain, rien de solide.

3. Un Vent qui abbat & fracasse de grands sapins, avec ces mots de Virgile.

Et grandia quassans.

Jusques sur les plus grands il fait voir son pouvoir.

4. Le Colosse de Rhodes abbatu & fracassé, avec ces mots Espagnols.

Assi caën los Grandes.

Ainsi tombent les Grands.

5. Une Fusée qui éclate en étoiles en s'éteignant.

Hic splendor brevis est.

Cet éclat dure peu.

6. Un Flambeau qui s'éteint & qui coule en larmes de cire fonduë.

Luxit & defluxit. Isai. 24.

Il n'en reste plus rien qu'une triste fumée.

7. Un Amandier fleury & brûlé par la gelée.

Cum adhuc sit in flore. Job. 8. 12.

N'estant encore qu'en fleur.

8. Les Etoiles du Firmament.

Omnes in occasum.

Todas caminan à ponerse,

Toutes vont au couchant.

Sur le retour opposé à l'Autel estoient trois Devises doubles, dont la Lune faisoit le corps, & marquoient toutes trois l'instabilité de la vie au milieu des grandeurs du monde.

9. La Lune en croissant. *Ya crece.*
10. La Lune éclipsée. *Ya mengua.*
11. La Lune montant sur l'horizon. *Ya nace.*
12. La Lune qui se couche. *Ya muere.*
13. La Lune pleine. *Ya llena.*
14. La Lune en decours. *Ya nada.*

C'est-à-dire. Elle croît, elle manque.
Elle naist, elle meurt.
Tantôt pleine & puis rien.

L'autre face estoit remplie de Devises qui marquoient les sentimens, de pieté avec lesquels cette Reine est morte.

15. Une Fusée montant au Ciel.

Ha Cuor di fuoco ad inalzarsi al Cielo.

Son cœur tout embrasé luy fait chercher le Ciel.

16. La Boussole dont l'éguille se tourne vers le Pole Antarctique

tarctique où est la constellation de la Croix, avec ce mot de Virgile.

Mutato sidere. Georg. I.

C'est l'Astre qui l'attire en un autre hemisphere.

17. Un Phenix qui prepare son bucher.

Occurritque suo libens fato. Senec.

Elle va sans contrainte où la conduit le sort.

18. Le même sur son bucher regardant le Soleil.

Nec queritur mori. Idem.

Sans se plaindre de sa mort.

19. Un Vaisseau qui entre dans le Port en tirant le Canon.

Dat signa salutis.

Les signes du salut.

20. Des Couronnes de Fleurs flétries, & une Couronne d'Etoiles dans le Ciel.

E quella eternamente é gloriosa.

Cette seule Couronne est éternelle.

21. La Boussole & l'Etoile Polaire.

Sola a quien busca.

La seule qu'Elle cherche.

22. *Sola a quien para.*

La seule qui l'arreste.

23. *Sola a quien goze.*

La seule qui la possede.

Toutes les devises qui estoient autour du Mausolée estoient des fleurs mourantes.

La premiere estoit un Lys mourant sous un vent du Midy, qui est chez les Poëtes le symbole de la mort.

Inimicus Floribus.

Ennemi des Fleurs.

Tous les Poëtes ont remarqué qu'il n'est point de vent plus contraire aux Fleurs que le vent du Midy. Corydon parlant de la mort de son cher Alexis, dit dans la seconde Eglogue.

Eheu quid volui misero mihi! Floribus Austrum

Perditus, & liquidis immissi fontibus Apros.

Stace a dit la même chose à l'égard des Roses

Pubentesque Rosæ primos moriuntur ad Austros.

Et Saint Jerôme écrivant à son amy Heliodore dit des Lys la même chose que Virgile en avoit dit.

Marcescebat proh dolor! Flante Austro Lilium.

2. Un de ces premiers Lys printaniers qui durent peu, comme Valerius Flaccus a observé au 6. Liv. des Argonautes.

Vita Brevis.

Lilia per Vernas lucent velut alba colores,
Præcipuè queis Vita Brevis, *totusque parumper*
Floret honos, fuscis etiam Notus imminet alis.

3. Un Lys mourant.

Languescit moriens Æneid. 6.

4. La Fleur que décrit Stace en sa seconde Silve, que le vent de Midy fait mourir.

Primos exspiraturus ad Austros.

Les quatre pantes qui couvroient en forme de Pavillon, la representation avoient au-dessus de grands rais d'or, comme ceux de l'Aurore naissante, d'où couloient les Larmes d'argent dont toutes les pantes estoient semées.

Sur la Porte estoit la figure d'un Tombeau, d'où sortoit une Reine avec ces mots du Fils de Dieu dans l'Evangile.

REGINA AUSTRI SURGET IN JUDICIO.

L'Inſcription ou Epitaphe.

HUC OCULOS ET LACRIMAS,
CIVES ET ADVENÆ,
MARIA LUDOVICA
TOT REGIONUM DOMINA,
PHILIPPI AURELIANENSIS DUCIS
FILIA,
LUDOVICI JUSTI NEPTIS,
LUDOVICI MAGNI EX UNICO FRATRE
FRANCIÆ FILIA,
CAROLI SECUNDI CONJUX,
HISPANIARUM REGIS,
IN ÆTATIS FLORE COELO MATURA
HIC JACET.

Permis d'imprimer. Fait à Paris ce 27. Avril 1689.
DE LA REYNIE.

www.ingramcontent.com/pod-product-compliance
Lightning Source LLC
LaVergne TN
LVHW010335230826
846091LV00009B/3869